Inhalt

Vorwort 2

Pasta mit Garnelen 4

Leckere Asiatische Hähnchen-Pfanne mit Brokkoli Streifen 5

Feine Gemüse-Hackfleisch Pfanne mit Champignons 6

Paprika gefüllt mit leckerem Gemüse und Hähnchen 8

Falafel aus Linsen 10

Sommerlicher Garnelen-Avocado Salat 11

Überbackener Lachs mit Spinat und Mozzarella .. 12

Mediterrane Gemüse Pfanne mit Feta 14

Überbackener Brokkoli Auflauf mit Käse 15

Herzhafte Thunfisch Pizza mit Feta 16

Hähnchenbrustfächer mit Feta auf Gemüse Zoodles.. 17

Leckere Ajvar Hähnchen Gemüse Pfanne 18

Gemüsenudel-Auflauf 19

Frischer Spargel mit Schinken und selbstgemachte Sauce Hollandaise 20

Kohlrabi Pommes mit Currywurst 22
Rindergulasch mit Gemüse Zoodles 24
Selbstgemachter Kebab.. 26
Flammkuchen mit einem Thunfischboden 28
Low Carb Gemüsepuffer...................................... 30
Gemüse Spinatquiche 31
Gerollter Wrap mit gebratener Pute 32
Frischer Rote Bete-Walnuss-Salat mit Feta 34
Italienischer Salat mit Hähnchen, Nektarine und Mozzarella.. 35
Ausgefallener Thai-Quinoa-Salat mit Erdnuss-Ingwer-Dressing 37
Überbackener Gemüse Zucchini-Tomaten-Auflauf 39

Intervallfasten oder Intermittierendes Fasten

Das Kochbuch mit der 16 8 Methode schnell und gesund abnehmen!

Janet Holt

Vorwort

Die Rezepte sind auf 2 Personen ausgerichtet

Das 16:8-Prinzip

Die Mahlzeiten finden in einem Zeitraum von acht Stunden statt, die restlichen 16 Stunden des Tages wird gefastet.

So kommt es nicht zum Jojo-Effekt, diesen Fehler vermeiden

Gerade Anfänger des Fasten, machen häufig den Fehler, dass sie sich nach dem überstandenen Fastenintervall mit allerlei Essen erneut vollstopfen. Anfänglich kann sich das Hungergefühl nämlich bis zum Heißhunger steigern, was dazu führen wird, dass die Kalorientagesmenge die eigentlich benötigt wird deutlich überschritten wird.

Die Folge: Der „Jojo-Effekt" tritt ein und trotz Fasten nimmt man erneut zu. An den normalen Esstagen sollte daher stets darauf geachtet werden, den Tagesbedarf an Kalorien nicht zu überschreiten.

Eine ausgewogene und gesunde Ernährung sollte zusätzlich das Ziel nach dem Fasten sein. Auf Fast Food und Süßigkeiten sollte so gut es geht verzichtet werden, weil das ungesunde Essen die positiven Effekte des Fastens schmälern oder sogar komplett wieder aufheben kann.

Was wird erreicht?

Abbau von Körperfett
Halten des Wunschgewichtes
Aufbau von Muskeln
Verbesserung der allgemeinen Gesundheit

Pasta mit Garnelen

Zutaten:

120 g	Vollkornnudeln
30 g	getrocknete Tomaten - ohne Öl
60 g	light Sahne
200 g	Garnelen, aufgetaut oder frisch
1	mittelgroße Zwiebel
2	Knoblauchzehen
Kräuter	
300g	gemischter Salat
Etwas Olivenöl	

Zubereitung:

1.)Die getrockneten Tomaten vierteln. Zwiebel schälen in Halbringe schneiden und Knoblauch fein hacken. Nudeln nach Packungsbeilage kochen.

2.) In einer Pfanne etwas Olivenöl auf mittlere Hitze bringen, darin die Zwiebel andünsten. Den Knoblauch dazugeben und kurz mitschmoren. Garnelen vom Wasser befreien und zusammen in der Knoblauch Zwiebel Mischung anbraten.

3.) Mit der light Sahne aufgießen und alles für ca. 4-5 Minuten garen lassen. Schließe den Deckel auf dem Topf. Danach mit Kräutern und Pfeffer abschmecken.

4.) Den Salat mit Olivenöl und Essig anmachen. Die gekochten Nudeln auf einen Teller geben und die Pasta Sauce und darüber gießen.

Leckere Asiatische Hähnchen-Pfanne mit Brokkoli Streifen

Zutaten:

500 g	Hähnchenbrustfilet
500 g	Brokkoli, frisch oder tiefgekühlt
1	Zwiebel
2	Knoblauchzehen
50 g	Soja Sauce
1	Frühlingszwiebel

Öl zum Braten

Zubereitung:

1.) Die Zwiebel in Würfel schneiden und den Knoblauch fein hacken. Das Hähnchen in dünne Streifen schneiden und den Brokkoli in dünne streifen.

2.) In einer Pfanne Zwiebeln und Knoblauch mit etwas Öl andünsten. Nach1-2 Min das Fleisch dazu geben und mitbraten.

3.) Das Gemüse mehrmals vorsichtig wenden und den Brokkoli zum Schluss kurz mitbraten. Mit der Soja Sauce ablöschen und alles gut miteinander vermischen. Anrichten und fertig

Feine Gemüse-Hackfleisch Pfanne mit Champignons

Zutaten:

170 g	Champignons
1	Paprikaschote, rot
1	Paprikaschote, gelb
1	kleine Zucchini
330 g	Hackfleisch
1	große Zwiebel
½	Zehe Knoblauch
165 ml	Wasser, heißes
½	Gemüsebrühwürfel für 400 ml Brühe
	Salz und Pfeffer

Zubereitung:

1.)Aus 150 ml Wasser eine Brühe herstellen. Das Gemüse putzen und waschen. Die Champignons in Scheiben, Paprikas und Zucchini in Würfel schneiden und die Zwiebeln und den Knoblauch fein hacken.

2.)Öl in eine große Pfanne geben und das Hackfleisch gut durchbraten. Zwiebeln und Knoblauch hinzugeben und etwas mitdünsten. Alles aus der Pfanne nehmen, in eine extra vorgewärmte Schüssel geben und beiseite stellen Nun die Champignons in der Pfanne etwas anbraten. Die Paprika- und Zucchiniwürfel hinzugeben und mitbraten.

3.) Hackfleisch-Zwiebel-Knoblauch-Gemisch wieder hinzugegeben und mit Gemüsebrühe ablöschen. Unter gelegentlichem Umrühren köcheln lassen, bis die gesamte Flüssigkeit verdampft ist. Anschließend mit Salz und Pfeffer würzen, abschmecken und genießen.

Paprika gefüllt mit leckerem Gemüse und Hähnchen

Zutaten:

2	Paprikaschoten, rot
200 g	Hähnchen
140 g	Karotte
½	Zwiebel, rot
½	Zwiebel
½ EL	Tomatenmark
½ EL	Kräuter, italienische
½ TL	Salz
n. B.	Pfeffer
½	Mozzarella light
½ EL	Olivenöl

Zubereitung:

1.)Backofen auf 200°C Umluft aufheizen. Die Paprikaschoten entkernen und waschen, dann beiseite legen. Die Karotten und Zwiebeln schälen, in kleine Würfel schneiden. Nach Belieben mit Knoblauch verfeinern

2.)Das Hähnchen mit Wasser abspülen, trocken tupfen und in ganz kleine Würfel schneiden. In einer Pfanne das Öl erhitzen und die Hähnchenwürfel scharf braten, bis sie gar sind.

3.)Die Zwiebeln hinzufügen und glasig mitdünsten. Karotten und Tomatenmark hinzugeben und mit den Kräutern, Salz und Pfeffer würzen und vermengen. Hitze reduzieren und 2-3 Min. braten lassen. Mozzarella in der Zeit in kleine Würfel schneiden, hinzugeben und 2 Minuten mitbraten, bis er beginnt zu schmelzen.

4.)Masse in die 2 ausgehöhlten Paprikaschoten füllen und in eine Auflaufform geben, für ca. 20 Minuten auf mittlerer Schiene backen. Immer wieder Sichtkontrolle durchführen.

Falafel aus Linsen

Zutaten:

1 EL	Butter
130 g	Linsen, rote
¼ L	Wasser
1	Gemüsebrühwürfel
1	Zwiebel
1	Ei
2	Knoblauchzehe
4 EL	Petersilie, frisch
1 EL	Koriander, frisch
2 EL	Mehl
1 TL	Paprikapulver
1 TL	Kreuz Kümmel, gemahlen

Zubereitung:

1.) In der zerlassenen Butter die Linsen kurz anschwitzen. einen viertel Liter Wasser dazugeben und ca. 20-25 Minuten kochen lassen und das bei mittlerer Hitze am besten zugedeckt

.

2.) Zwiebel, Petersilie und Koriander hacken.

3.) Die fertigen Linsen abkühlen lassen und alle weiteren Zutaten hinzufügen und vermengen. Mit Salz und Pfeffer würzen und abschmecken. Aus der Masse kleine Kugeln formen dann in einer Pfanne das Öl erhitzen und Falafel von jeder Seite ca. 2 Minuten braten.

Sommerlicher Garnelen-Avocado Salat

Zutaten:

100 g	Garnelen
70g	Avocado
½	Saft Zitrone
5g	Olivenöl
1	Tomate
1	Zwiebel

Salz, Pfeffer, Kräuter

Zubereitung:

1.) Die Fein gehackten Zwiebeln in eine Schüssel geben. Mit dem Saft einer ausgepressten Zitrone und den 5g Olivenöl ein Dressing machen. Die abgetropften Garnelen hinzufügen.

2.) Tomate und Avocado in Würfel schneiden und ebenfalls in die Schüssel geben.

3.) Das Ganze vorsichtig vermengen. Mit Pfeffer und etwas Salz abschmecken und die Kräuter darüber streuen.

Überbackener Lachs mit Spinat und Mozzarella

Zutaten:

350 g	Lachsfilet mit Haut, frisch
750 g	Blattspinat, aufgetaut
50 g	Mozzarella gerieben
1	Zwiebel
2	Knoblauchzehen
80 g	Schmand

Salz, Pfeffer, Muskat
Öl zum Braten

Zubereitung:

1.) Den Backofen auf 175°C Umluft vorheizen. Die Zwiebel schälen, halbieren und in Ringe schneiden. In einem Topf mit etwas Öl zuerst die Zwiebel andünsten und dann den gehachten Knoblauch mitrösten.

2.) Den Aufgetauten und ausgedrückten Blattspinat hinzugeben und unter ständigem Rühren schmoren bis er weicher ist. Anschließend mit Salz, Pfeffer und Muskat abschmecken. Den Schmand nach einer kurzen ab Kühlzeit zugeben und umrühren.

3.).Das Lachsfilet in 2 Stücke schneiden und mit Salz und Pfeffer auf beiden Seiten würzen. In einer separaten Pfanne mit etwas Öl den Lachs von beiden Seiten kurz scharf anbraten, sodass er innen noch leicht Roh ist.

4.) Fisch mit der Haut nach unten in eine Auflaufform geben. Die Spinatmasse über den Fisch geben und den Mozzarella darüber streuen.

5.) Für 15-20 Minuten auf mittlerer Schiene überbacken .

Mediterrane Gemüse Pfanne mit Feta

Zutaten:

2 Zucchini, gewaschen, der Länge nach halbiert, in 3mm Scheiben schneiden
3 Tomaten, gewaschen, in grobe Stücke geschnitten
100 g Feta-Käse aus Kuhmilch, fettreduziert, klein gewürfelt
1 ½ EL Olivenöl
2 Zweige Basilikum, kleinblättriges, gewaschen
Salz und Pfeffer

Zubereitung:

1.) Die Zucchinischeiben in einer beschichteten Pfanne mit erhitztem Olivenöl 5 Minuten unter gelegentlichem Rühren braten. Weitere 2-3 Minuten mitbraten nach Zugabe der Tomatenstücke. Basilikumblätter zugeben und mit Salz und Pfeffer würzen und abschmecken.

2.)Den Herd ausschalten und die Feta Würfel dazugeben, dadurch schmilzt der Feta es entsteht eine leckere cremige Soße. Anrichten und Servieren.

Überbackener Brokkoli Auflauf mit Käse

Zutaten:

500 g	Brokkoli
120 g	Mager Quark
210 g	Joghurt 1,5% Fett
1	Zwiebel
2	Zehen Knoblauch
2	Eier
125 g	Gouda
1	Frühlingszwiebel
Salz, Pfeffer	

Zubereitung:

1.) Den Backofen auf 180°C Umluft vorheizen. Brokkoli in kleine Röschen schneiden. Diese dann 8 Minuten in heißem Wasser garen lassen. Flüssige Zutaten wie Quark, Joghurt und Eier vermengen. Mit Salz und Pfeffer abschmecken.

2.)Zwiebel und Knoblauch fein hacken und der Soße zufügen.

3.)Gouda reiben und die Frühlingszwiebel in feine ringe schneiden.

4.) Gekochter Brokkoli mit den Zwiebelringen in eine Auflaufform geben und die Soße darüber verteilen. Gouda darüber streuen und für 15-20 min Überbacken lassen, bis der Käse Goldbraun ist.

Herzhafte Thunfisch Pizza mit Feta

Zutaten:

2 Dosen	Thunfisch, 300g Abtropfgewicht
2	Eier
150g	Feta
110g	passierte Tomaten
6g	Olivenöl
Pfeffer, Oregano	

Als Beilage eignet sich super ein gemischter Salat oder mediterranes Gemüse aus dem Ofen.

Zubereitung:

1.)Den Backofen auf 175°C Umluft vorheizen Den abgetropften Thunfisch in eine Schüssel geben, 5g Olivenöl darüber geben und mit Pfeffer und Oregano gut würzen. Anschließend gut vermengen.

2.)Ein Backblech mit Backpapier vorbereiten. Die Eier in eine Schüssel schlagen und gut verquirlen, dann mit der Thunfischmasse zu einem Teig vermengen.

3.)Nun den Teig auf dein vorbereitetes Backblech ausbreiten und gleichmäßig verteilen, das Blech dann für 10-12 Minuten in Backofen auf mittlere Schiene. Danach herausholen und kurz abkühlen lassen.

4.)Den Boden mit passierten Tomaten bestreichen und den Feta darüber bröseln, weitere 10 min backen.

Hähnchenbrustfächer mit Feta auf Gemüsenudeln

Zutaten:

2	Hähnchenbrustfilets
60 g	Pesto aus getrockneten Tomaten
70 g	Feta
400 g	Zucchini
1	Knoblauchzehe
Olivenöl	

Zubereitung:

1.)Den Ofen auf 180°C Umluft vorheizen. Zucchini zu Nudeln verarbeiten und den Knoblauch sehr fein hacken.

2.)Ohne das Fleisch komplett durchzuschneiden, das Hähnchenbrustfilet von oben einschneiden und immer eine kleine Lücke lassen.

3.)Den Hähnchenbrust Fächer etwas Pfeffern und Salzen, und die Schlitze mit dem Pesto und Feta befüllen.

4.)Nun das gefüllte Fleisch in eine Auflaufform geben und für ca. 25 bis 30 Minuten backen bis es gar ist, je nach dicke des Fleisches.

5.)Den Knoblauch mit einem EL Olivenöl in einer beschichteten Pfanne bei geringer Hitze andünsten. 2 Minuten vor Endzeit des Fleisches, die Zoddles in der Pfanne mit dem Knoblauchöl anbraten und dabei mehrmals wenden.

Leckere Ajvar Hähnchen Gemüse Pfanne

Zutaten:

350 g	Hühnerbrustfilet
1	Zwiebel
2	Knoblauchzehen
320 g	Zucchini
3	Paprika
150 g	Ajvar
Salz, Pfeffer	
Etwas Öl	

Zubereitung:

1.)Den Knoblauch und die Zwiebel schälen und fein hacken. Die Zucchini, Paprika und das Hühnerfleisch getrennt in mundgerechte Stücke schneiden und beiseite stellen.

2.)In einer beschichteten Pfanne mit etwas Öl das gewürfelte Hühnerfleisch anbraten bis es durchgegart ist, anschließend zur Seite stellen.

3.)Nun den Knoblauch und die Zwiebel mit einem Schuss Öl in der gleichen Pfanne (ungewaschen) wie das Hühnerfleisch anbraten und mit etwas Wasser ablöschen. Die Röstprodukte vom Hühnerfleisch im Wasser gut auflösen und das Gemüse dazu geben und mitschmoren.

4.)Das Hühnerfleisch hinzufügen, durchrühren und 2-3 Minuten ziehen lassen, danach den Ajvar untermischen und mit Pfeffer und Salz abschmecken.

Gemüsenudel-Auflauf

Zutaten:

1 kg	frisches Gemüse (Zoodles geeignet)
1	frische Knoblauchknolle
3 EL	Kokosöl
2	Eier
2 EL	Frischkäse
35 g	Käse gerieben

Salz, Pfeffer, Muskat

Zubereitung:

1.)Backofen bei 180° Umluft vorheizen. Das ausgewählte Gemüse wie z.B Karotte oder Zucchini in Zoodles schneiden und in Salzwasser 5 Min. köcheln.

2.)Bei Niedriger Temperatur in Kokosöl das fein gehackte Knoblauch anschwitzen. Die gekochten Zoodles zugeben und kurz durchschwenken, anschließend in eine Auflaufform geben.

3.)Den Frischkäse mit den Eiern kräftig verrühren und mit Salz, Pfeffer würzen und über die Zoodles geben.

4.)Das Ganze mit geriebenem Käse bestreuen und 20 Minuten im Backofen überbacken lassen.

Frischer Spargel mit Schinken und selbstgemachte Sauce Hollandaise

Zutaten:

500 g	frischen weißen Spargel
1 TL	Butter
1	großer Kohlrabi
150 g	Schinken, gekocht oder geräuchert
3 EL	Paniermehl
2 EL	Olivenöl

Salz, Pfeffer und etwas Muskatnuss

für die Sauce:

2	Eigelb
3 EL	Sahne
1 EL	Saft einer Zitrone

1 Prise Birkenzucker
frischer Schnittlauch

Zubereitung:

1.)Die geschälte Kohlrabi in Stücke schneiden und in Salzwasser 10 Min. garen.

2.)Den Spargel schälen, waschen und die holzigen Enden abschneiden. Das Salzwasser für den Spargel mit einem Spritzer Zitronensaft aufkochen, 1 TL Butter zugeben und Spargel darin gute 20 Min. ziehen lassen.

3.)Die Kohlrabi stücke in Paniermehl mit Salz und Pfeffer würzen und in einer beschichteten Pfanne mit etwas Öl von allen Seiten anbraten.

4.)200 ml von dem Spargelwasser in einen Topf geben und 2 Eigelb mit dem Stabmixer unterrühren. Birkenzucker mit Sahne und Zitronensaft zugeben und mit Salz, Pfeffer, Muskatnuss abschmecken. Anrichten und Servieren.

Kohlrabi Pommes mit Currywurst

Zutaten:

400 g	light Würste
Olivenöl	
500 g	Kohlrabi
1	kleine Zwiebel
1	Knoblauchzehe
1 ½ EL	Apfelessig
9 EL	passierte Tomaten
2 EL	Tomatenmark
1 TL	Honig oder Süßstoff
200 ml	Wasser

Salz, Pfeffer, Paprika edelsüß, Chili, Curry

Zubereitung:

1.)Backofen auf 200°C Ober Unterhitze vorheizen. Die Kohlrabi schälen und in mundgerechte Pommes Stifte schneiden.

2.)Die Gewürzen mit etwas Olivenöl in einer Schüssel mischen und die Kohlrabi Stifte durchschwenken. Anschließend auf ein mit Backpapier ausgelegtes Backblech geben und Im Backofen ca. 25-30 Min. backen

3.)In einer beschichteten Pfanne mit 2 EL Olivenöl die zuvor gewürfelte Zwiebel und Knoblauchzehe glasig dünsten. Anschließend mit 1 ½ EL Apfelessig ablöschen.

4.)Die restlichen Zutaten zugeben und unter gelegentlichem Rühren 5 Min. köcheln lassen.

5.) Die Light Würste in einer Pfanne mit etwas Olivenöl anbraten, in Scheiben schneiden und in die Soße geben. Anrichten und Servieren

Rindergulasch mit Gemüse Zoodles

Zutaten:

500 g	Rindergulasch
1	große Zwiebeln
1 EL	Kokosöl
1	große Tomaten
1	grüne Paprika
150 g	ganze Champignons
50 ml	Sahne
100 ml	Wasser
1 TL	Johannisbrotkernmehl
1	Lorbeerblatt
1	Zucchini

Salz, Pfeffer, Paprika Rosenscharf, Curry und Chili

Zubereitung:

1.)Die Zwiebel schälen und in feine Würfel schneiden, anschließend in einer Pfanne mit 1 EL Kokosöl glasig dünsten.

2.)Das Rindergulasch zuführen und kurz scharf anbraten, dann mit 200 ml Wasser ablöschen und mit Pfeffer und Salz abschmecken.

3.)Die Tomaten würfeln und zusammen mit einem Lorbeerblatt in das Gulasch geben und ca. 1 ½ Stunden bei kleiner Hitze köcheln lassen. Deckel aufsetzen.

4.)Die Paprika entkernen, waschen und kleinschneiden und circa 25 Min. vor Kochende zusammen mit der Sahne in das Gulasch zugeben.

5.)Am Ende dickt ihr das Ganze mit Johannisbrotkernmehl an, alternativ auch andere Soßenbinder. Die ganzen und geputzten Champignons zugeben und mit den Gewürzen abschmecken, ca. weiter 5 Minuten auf geringer Hitze köcheln lassen.

6.)In der Zwischenzeit aus den gewaschenen Zucchini, alternativ geht auch anderes Gemüse, die Zoodles herstellen und 5 Min. in kochendem aber nicht sprudelndem Wasser garen. Dann zusammen mit dem Gulasch Servieren.

Selbstgemachter Kebab

Zutaten:

Joghurtsauce:

200 g	Griechischer Joghurt
200 g	Mayonnaise
2 EL	Tomatenmark
2 TL	Birkenzucker
2 EL	Zitronensaft
2 TL	Petersilie und Dill, frisch oder TK
2 Prisen	Salz, Kreuzkümmel, Koriander, Chilipulver und Paprika edelsüß

Fladenbrot:

200 g	Speisequark
85 ml	Milch
80 g	Weidebutter
45 ml	Olivenöl
1 TL	Honig
1 Würfel	Hefe
2	Ei
300 g	Mandlmehl

2 Prise Salz
Sesam, Kreuzkümmel

Belag:

500 g	fertiges Kebab Fleisch oder in etwas Öl, Gewürztes, Pute oder Hühnchen
1	Zwiebel

frischer Blattsalat

Zubereitung:

1.) Dein Backofen auf 180°C Ober Unterhitze vorheizen

2.)Um die Joghurtsoße herzustellen, vermische einfach alle Zutaten miteinander und stelle sie dann für 1h in den Kühlschrank.

3.)Um das Fladenbrot herzustellen, verrühre die Milch mit dem Quark, Butter, Öl und Honig und erwärme das ganze leicht, achte darauf dass es nicht zu Heiß wird.
Die Hefe anschließend in der warme Masse auflösen und 20 Min. an einem Warmen Ort zugedeckt ruhen lassen.

4.)Nach der Ruhezeit, das Mandelmehl mit dem Ei und Salz zugeben und zu einem glatten Teig vermengen/kneten.

5.)Daraus formst du jetzt einen Fladen und legst es auf ein mit Backpapier ausgelegtes Backblech. Dann verrührst du 1 EL Milch mit 1 EL Öl und streichst damit das Fladenbrot ein, und bestreust es mit Sesamsamen und Kreuzkümmel.

6.)Dein Fladen nun im Backofen bei 180° auf mittlerer Schiene für ca. 20 Min. backen.

7.)In der Zwischenzeit kannst du deinen Salat waschen und die Zwiebel in Ringe schneiden.

8.)Das Kebab Fleisch bratest du in einer Pfanne mit etwas Öl an.

9.)Dein fertiggebackenes Fladenbrot schneidest du zu 2/3 ein und füllst es mit Salat, Zwiebelringen, (nach Belieben weiteres Gemüse) und dem Fleisch und der Joghurtsauce.

Flammkuchen mit einem Thunfischboden

Zutaten:

Für den Teig:

850 g	körniger Frischkäse
300 g	Thunfisch im eigenen Saft
2	Ei
7 EL	Mandelmehl
Salz, Pfeffer	

für den Belag:

120 g	Schmand
120 g	geriebener Käse
50 g	Rohschinken, gewürfelt
2	Frühlingszwiebeln

Zubereitung:

1.)Backofen auf 180°C Ober Unterhitze vorheizen.

2.)Den gut abgetropften Thunfisch mit dem körnigen Frischkäse, Ei, Mandel Mehl und etwas Salz und Pfeffer verrühren und auf ein mit Backpapier ausgelegtes Backblech verteilen und für gute 30 Min. auf Mittlerer Schiene backen.

3.)Nach 30 Minuten die Masse mithilfe eines weiteren Backbleches umdrehen und für weitere 10 Min. backen.

4.)Den Schmand und den geriebenen Käse verrühren und als Belag auf den Teig schmieren.

5.)Die Frühlingszwiebeln gut waschen und in kleine ringe schneiden und zusammen mit dem gewürfeltem Rohschinken über den Teig verteilen und ca. weitere 10 Min. backen.

Low Carb Gemüsepuffer

Zutaten:

560 g	Gemüse (Zucchini, Karotten und Kohlrabi)
2	Eier
2 EL	Leinsamen, geschrotet
2 EL	Mandeln, gemahlen

Öl zum Braten
Salz, Pfeffer, Chilipulver, Kräuter der Provence

Zubereitung:

1.)Das Gemüse waschen und schälen. Anschließend grob raspeln, mit 2 TL Salz bestreuen, gut verrühren und für eine halbe Stunde ziehen und stehen lassen.

2.)Das entstandene Wasser nun abgießen und mit den Händen das Gemüse gut ausdrücken, bei Bedarf das Gemüse in ein Leintuch geben und auswringen.

3.)Eier, geschroteten Leinsamen, gemahlene Mandeln und die Gewürze zugeben und alles miteinander vermengen.

4.)Die Gemüsemasse mit einer Kelle portionsweise in einer beschichteten Pfanne mit etwas Öl von beiden Seiten knusprig anbraten. Darauf achten die Puffer nicht zu früh zu wenden, sonst könnten sie auseinanderfallen.

Gemüse Spinatquiche

Zutaten:

450 g	TK Spinat
10	Cocktail Tomaten, halbieren
2 EL	Öl
1	rote Zwiebel
1	Knoblauchzehe
3	Eier
50 ml	Sahne
60 g	Parmesankäse, gerieben
35 g	gemahlene Mandeln
1 TL	Johannisbrotkernmehl

Prise Salz, Pfeffer und Muskat

Zubereitung:

1.)Den Backofen auf 200°C Ober Unterhitze vorheizen und den Spinat zwischenzeitlich auftauen lassen.

2.)Die Zwiebel schälen und würfeln, den Knoblauch in einer Knoblauchpresse pressen und zusammen in einer Pfanne mit etwas Öl andünsten, anschließend zu dem aufgetauten Spinat geben.

3.)Die Restlichen Zutaten vermengen und ebenfalls zum Spinat geben. Die fertige Masse auf ein mit Backpapier ausgelegte Springform geben und mit den gewaschenen, halbierten Kirschtomaten belegen.

4.)Das Ganze auf mittlerer Schiene für 20 Min. backen.

Gerollter Wrap mit gebratener Pute

Zutaten:

Für den Wrap:

500 g	Magerquark
6	Eier
250 g	Käse gerieben

Für die Füllung:

2	Tomate
1	Salatgurke
500 g	Putenbrustfilet
5 EL	Joghurt

Salatblätter
Senf / Ketchup
Salz, Pfeffer

.

Zum Marinieren des Putenbrustfilets:

4 EL	Sojasoße
2 EL	Olivenöl
4 TL	Honig
2 TL	Senf
2 TL	Tomatenmark

Kräuter, Salz, Pfeffer

Zubereitung:

1.)Backofen auf 180°C Umluft vorheizen. Mit einem Schneebesen den Magerquark, Reibekäse und Eier verrühren und auf ein mit Backpapier belegtes Backblech streichen und für 20 min. backen. Danach vollständig abkühlen lassen

2.)Putenbrustfilet abwaschen, abtupfen und in hauchdünne Streifen schneiden.

3.)Alle Zutaten für die Marinade vermengen, die Filetstreifen darin schwenken und 30 min. im Kühlschrank ziehen lassen. Anschließend in einer Pfanne mit etwas Öl für ca. 10 min. anbraten bis sie ganz durch sind und beiseite Stellen.

4.) Den Joghurt mit dem Ketchup und Senf für die Soße verrühren und würzen.

5.)Das Gemüse waschen und in feine Scheiben schneiden oder Hobeln. Die Salatblätter in mundgerechte Stücke zupfen.

6.)Das Gemüse und das Fleisch auf den Wrap verteilen und die Soße darüber geben, achte darauf dass er nicht zu dick wird, sonst kannst du ihn nicht mehr richtig rollen und Essen.

7.) Rolle den Wrap jetzt vorsichtig von der breiten Seite her auf und schneide ihn anschließend in Stücke.

Frischer Rote Bete-Walnuss-Salat mit Feta

Zutaten:

70 g	Walnüsse
500g	rote Bete, gekocht
125 g	Feta
3	Stängel Minze
3 EL	Olivenöl
2 EL	Weißweinessig
1 TL	Birkenzucker

Saft von einer Zitrone

Zubereitung:

1.)Die Walnüsse in einer Pfanne ohne Öl rösten und beiseite Stellen.

2.)Gekochte Rote Bete und den Feta in Würfel schneiden und zusammen auf einen Teller anrichten.

3.)Mit den gerösteten und bereits abgekühlte Walnüssen bestreuen.

4.)Die Restlichen Zutaten zu einem Dressing verrühren und über den Salatteller gießen.

5.)Nun die Minze klein zupfen, auf dem Salat geben und genießen.

Italienischer Salat mit Hähnchen, Nektarine und Mozzarella

Zutaten:

360 g	Hähnchenbrust
1	Nektarine
1	Vollkornbaguette
120 g	Mozzarella
20 g	Minze
80 g	Rucola
1	Schalotte
2 EL	Weißweinessig
1	Zucchini
2 ½	Esslöffel Olivenöl

Zubereitung:

1.)Backofen auf 200 °C Ober Unterhitze vorheizen. Das Vollkornbaguette in grobe Würfel schneiden und auf einem mit Backpapier ausgelegtes Backblech mit 2 EL Olivenöl, etwas Salz, Pfeffer vermengen und für ca. 8-10 Minuten im Ofen goldbraun rösten.

2.)Die Nektarine waschen, halbieren, entkernen und in dünne Scheiben schneiden. Die Schalotte schälen und in feine Scheiben schneiden. Die Zucchini mit Hilfe eines Sparschäler in breite Streifen schneiden und anschließend mit der Nektarine und mit 1 EL Weißwein Essig in einer Schüssel vermengen. Würzen mit Salz, Pfeffer.

3.)Den Mozzarella gut abtropfen lassen und in Würfel schneiden, die Minze hacken. Die Brotwürfel können nun aus dem Ofen genommen und beiseite gestellt werden.

4.)Die Hähnchenbrust waschen, abtupfen und von allen Seiten würzen, anschließend in einer beschichteten Pfanne mit etwas Olivenöl auf mittlerer Hitze von jeder Seite ca. 5 Minuten braten, beiseite stellen und in Würfel schneiden.

5.)Den Weißweinessig, Olivenöl und die geschnittene Schalotte in einer Schale zu einem Dressing vermengen und mit Salz, Pfeffer abschmecken.

6.)Alle Zutaten in einer großen Schüssel miteinander vermengen und das Dressing unterrühren.

Ausgefallener Thai-Quinoa-Salat mit Erdnuss-Ingwer-Dressing

Zutaten:

Für den Salat

60 g	Quinoa
170 ml Wasser	
1	rote Paprika
1	Rote Zwiebel
½	Kopf Rotkohl
1	Karotten
5 g	Koriander
25 g	Cashewkerne

Für das Dressing:

25 g	Erdnussbutter oder Erdnussmus
1 EL	Honig
1 StückIngwer	
1 EL	Sojasauce
1 EL	Rotweinessig
1 TL	Sesamöl
1 TL	Olivenöl

Wasser nach Belieben

Zubereitung:

1.)Den Quinoa nach Packungsanleitung zubereiten, auskühlen lassen und beiseite stellen.

2.)Das Gemüse waschen, ggf. schälen und in Streifen schneiden. Die Zwiebel schälen und fein Würfeln.

3.)In der Mikrowelle den Honig und die Erdnussbutter in einer Hitzebeständigen Schüssel schmelzen. Den Ingwer schälen, fein reiben und zusammen mit den restlichen Zutaten zur Erdnussbutter geben und verrühren.

4.)Alle Zutaten in eine Schüssel geben, das Dressing darüber gießen und vermengen, mit Cashewkerne als Topping anrichten.

Überbackener Gemüse Zucchini-Tomaten-Auflauf

Zutaten:

500 g	Zucchini
500 g	Fleischtomaten
250 g	Käse gerieben light
2	Eier
100 g	Schmand

Salz, Pfeffer, Knoblauchpulver, Petersilie

Zubereitung:

1.)Den Backofen auf 180 °C Umluft aufheizen. Die Tomaten und Zucchini waschen, einmal halbieren und in 2 mm dünne Scheiben schneiden. Danach nur die Zucchini in eine Schüssel geben und mit Salz bestreuen.

2.)Nun in gleichmäßigen Abständen das Gemüse in eine Auflaufform legen, solange bis die Auflaufform voll ist.

3.)Verquirle nun die Eier mit dem Schmand zu einer Soße und schmecke es mit Salz, Pfeffer und Knoblauch sowie Petersilie ab.

4.)Gieße langsam die Soße über das Gemüse und streue zum Schluss den Käse gleichmäßig über das Gemüse. Gib den Auflauf nun in für 30-40 Min. in den Backofen.

Danke, dass Sie sich für dieses leckere Rezeptbuch entschieden haben und Ich wünsche Ihnen viel Spaß und Erfolg beim nachkochen.

Ebenso gutes Gelingen Ihr Ziel zu erreichen!

Ihre Janet Holt

Haftungsausschluss

Haftungsausschluss „Die Verwendung der Informationen in diesem Buch und die Umsetzung derselben erfolgt ausdrücklich auf eigenes Risiko. Der Autor kann für etwaige Unfälle und Schäden jeder Art, die sich bei der Zubereitung der Speisen ergeben, aus keinerlei Rechtsgrund die Haftung übernehmen. Haftungsansprüche gegen den Autor für Schäden jeglicher Art, die durch die Nutzung der Informationen in diesem Buch bzw. durch die Nutzung fehlerhafter und/oder unvollständiger Informationen verursacht wurden, sind ausgeschlossen. Folglich sind auch Rechts-und Schadenersatzansprüche ausgeschlossen. Der Inhalt dieses Werkes wurde mit größter Sorgfalt erstellt und überprüft. Der Autor übernimmt keine Gewähr und Haftung für die Aktualität, Korrektheit, Vollständigkeit und Qualität der bereitgestellten Informationen. Druckfehler können nicht vollständig ausgeschlossen werden. Weiterhin beruht der Inhalt dieses Werkes auf persönlichen Erfahrungen und Meinungen des Autors. Der Inhalt darf nicht mit medizinischer Hilfe verwechselt werden."

Impressum

1. Auflage

Kontakt: Nicolai Bentele/ Wangener Str.33 / 88267 Vogt
Covergestaltung: Janet Holt
Coverfoto: depositphotos.com

36327532R00028

Printed in Poland
by Amazon Fulfillment
Poland Sp. z o.o., Wrocław